Leserabe

2. Lesestufe

Ingrid Uebe

Timmi
in der Hexenschule

Mit Bildern von Silke Voigt

Ravensburger Buchverlag

Bibliografische Information Der Deutschen Bibliothek:

Die Deutsche Bibliothek verzeichnet diese Publikation
in der Deutschen Nationalbibliografie.
Detaillierte bibliografische Daten sind im Internet
über **http://dnb.ddb.de** abrufbar.

**Die Schreibweise entspricht den Regeln
der neuen Rechtschreibung.**

3 2 1 04 05 06

Ravensburger Leserabe

Umschlagbild: Silke Voigt
Umschlagkonzeption: Sabine Reddig
Printed in Germany
ISBN 3-473-36047-3

www.ravensburger.de
www.leserabe.de

Timmi frühstückt.
Aber sein Müsli
schmeckt ihm nicht.
Timmi denkt an die Schule.
Heute will er
am liebsten nicht hin.

Er hat
keine Aufgaben gemacht.
Er hat sie
einfach vergessen.
Bestimmt wird die Lehrerin
mit ihm schimpfen.
Mama sagt:

„Es wird Zeit, Timmi.
Vergiss
dein Pausenbrot nicht!“
Timmi seufzt
und nimmt seinen Ranzen.
Dann zieht er los.

Aber er rennt nicht
und springt nicht
wie sonst.
Er geht sehr langsam.
Unterwegs trifft er
weder Lisa noch Nico.
Die sind
sicher schon weg.

Überhaupt
ist die Straße ganz leer.
Auch auf dem Schulhof
ist niemand zu sehen.
Timmi zögert.
Dann geht er einfach
an der Schule vorbei.

Er geht
die Straße entlang,
weiter und weiter.
Die Häuser
bleiben zurück.
Timmi kommt an den Wald.
Soll er hineingehen?
Darf er das?
Ach, warum nicht?

Es merkt ja niemand.
Und Zeit hat er auch.
Heute schwänzt Timmi
die Schule.
Im Wald
ist es schön kühl
und schön schattig.
Timmi sieht einen Igel,
ein Eichhörnchen
und viele Vögel.
Sonst sieht er keinen.

Der Weg führt
an dunklen Tannen vorbei
hinunter ins Tal.

Timmi bleibt stehen.
Im Tal steht ein Haus
mit vielen Fenstern
und einem roten Dach.
Das ist seltsam,
so mitten im Wald!
Plötzlich
ertönt eine Glocke.
Die Tür geht auf.

Viele Kinder
stürzen heraus.

Lauter Mädchen.
Mädchen
in seltsamen Kleidern!
Timmi begreift:

Das seltsame Haus
mitten im Wald
ist eine Schule.
Eine Schule für Mädchen.
Langsam
steigt Timmi bergab.

Leise schleicht er näher.
Vorsichtig
versteckt er sich
im Gebüsch.

Aber schon hat ihn
ein Mädchen entdeckt.
Es tanzt um ihn herum.
Es freut sich und lacht.

Es ruft die anderen.
„Kommt schnell her!
Schaut, wer hier sitzt!
Ein komischer
kleiner Junge!“

Die anderen Mädchen
kommen gelaufen.
Alle lachen und rufen:
„Oh ja, ein komischer
kleiner Junge!“

Timmi ärgert sich.
Ein Junge ist er.
Na klar!
Aber komisch und klein
ist er nicht.
Die Mädchen
lachen und lachen.
Zwei nehmen ihn
bei der Hand
und ziehen ihn
hinter sich her.

Sie tanzen und toben
mit ihm
über den Schulhof.
Was sind das
für wilde Mädchen!

Als die Glocke ertönt,
lassen sie Timmi
nicht los.

Sie ziehen ihn
in die Schule.
Sie schieben ihn
in die erste Reihe.
Sie drücken ihn
auf einen Stuhl.
Sie hören nicht auf
zu lachen.
Als die Lehrerin kommt,
wird es still.

Timmi staunt.
Die Lehrerin
ist uralt
und sehr hässlich.
Und was trägt sie
für altmodische Kleider!
Sie kichert,
als sie ihn sieht.

Sie sagt:
„Na, Junge,
willst du bei uns
etwas lernen?“
Timmi nickt,
obwohl er
am liebsten
weglaufen möchte.

Er hat

eine schreckliche Ahnung!

In der ersten Stunde

haben sie Pflanzenkunde.

Sie lernen alles

über den Fliegenpilz.

Der ist sehr giftig.

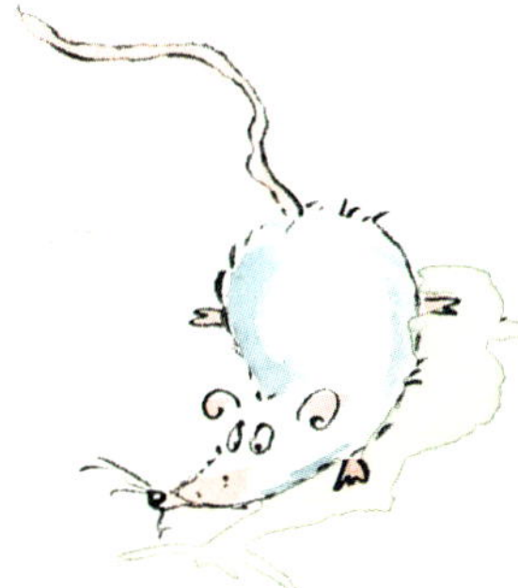

In der zweiten Stunde
haben sie Zaubern.
Da lernen sie
einen Zauberspruch.
Der geht so:
„Hokuspokus Fidibus,
alles kann ich,
wenn ich muss.
Mäuseblut und Krötenbein
sollen dabei
hilfreich sein.“

Timmis Ahnung
wird immer stärker.
In der dritten Stunde
steigen sie
in den Keller hinab.
Dort ist eine Küche.
Eine richtige Hexenküche!
Sie müssen Suppe kochen.
Timmi weiß nicht
woraus.

Er kennt
die meisten Zutaten nicht.
Aber alle sehen
ganz ekelhaft aus.

Jetzt ist sich Timmi
ganz sicher:

Das Haus,
in dem er sich aufhält,
ist eine Hexenschule!
Die wilden Mädchen
und die Lehrerin
sind lauter Hexen.

In der letzten Stunde
gehen sie hinaus
auf den Schulhof.

Da lernen sie reiten.
Reiten auf einem Besen!

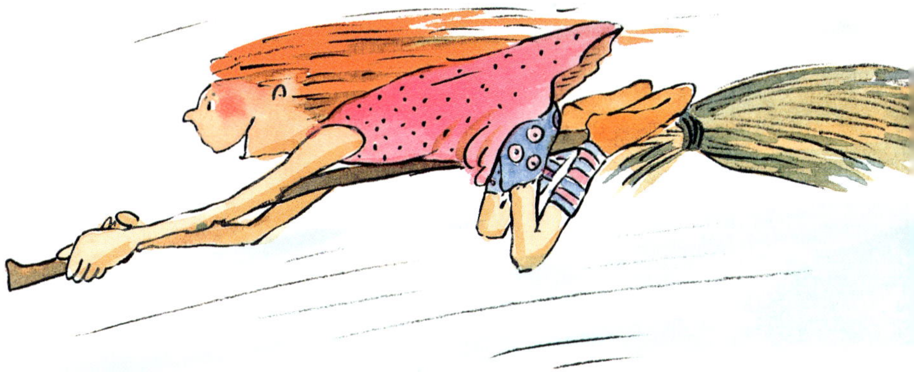

Timmi kriegt auch einen.
Und – hui,
schon saust er damit
durch die Luft.

Das macht ihm Spaß.
Fast tut es ihm Leid,
als die Stunde vorbei ist.

Die Lehrerin
sammelt die Besen ein
und sagt:
„Die Schule ist aus.
Jetzt geht es nach Haus!“

Zu Timmi sagt sie:
„Lauf heim, Junge,
und vergiss nicht,
was du
in der Hexenschule
gelernt hast!“
Timmi rennt los.

Die kleinen Hexen
begleiten ihn kichernd
den Berg hinauf.
Dann sind sie
plötzlich verschwunden.
Timmi macht sich
auf den Heimweg.

Er geht durch den Wald
bis zur Stadt,
immer die Straße entlang.
Da ist seine Schule!
Am Tor trifft er
Lisa und Nico.
„Wo bist du gewesen?“,
fragt Lisa.
Timmi gibt keine Antwort.
Nico ruft:
„Wir haben heute
ganz tolle Sachen gelernt!“
Timmi lacht.
„Und ich erst!“, sagt er.
Aber mehr,
nein,
mehr sagt er nicht.

Leserätsel
mit dem Leseraben

Super, du hast das ganze Buch geschafft! Hast du die Geschichte ganz genau gelesen? Der Leserabe hat sich ein paar spannende Rätsel für echte Lese-Detektive ausgedacht. Mal sehen, ob du die Fragen beantworten kannst. Wenn nicht, lies einfach noch mal auf den Seiten nach. Wenn du die richtigen Antwortbuchstaben in die Kästchen auf Seite 42 eingesetzt hast, bekommst du das Lösungswort.

Fragen zur Geschichte

1. Warum will Timmi nicht in die Schule gehen? (Seite 4)

B : Er hat seine Aufgaben nicht gemacht.
D: Er möchte noch länger frühstücken.

2. Wem begegnet Timmi, als er in den Wald geht? (Seite 10)

I: Seinen Freunden Lisa und Nico.
E: Er sieht einen Igel, ein Eichhörnchen und viele Vögel.

3. Wen trifft Timmi bei dem Haus im Tal? (Seite 14)

S : Er trifft lauter Mädchen in seltsamen Kleidern.

U : Er trifft einen komischen kleinen Jungen.

4. Was lernen die Kinder in der Schule im Wald, als Timmi bei ihnen ist? (Seite 26/27)

E : Sie lernen alles über den Fliegenpilz und sie lernen einen Zauberspruch.

G : Sie lernen lesen und schreiben.

5. Was machen die Hexen und Timmi draußen auf dem Schulhof? (Seite 34)

L : Sie dürfen auf Ponys reiten.

N : Sie lernen auf einem Besen zu reiten.

Lösungswort:

1 B	2 E	3 S	4 E	5 N

Rabenpost

Super, alles richtig gemacht! Jetzt wird es Zeit für die RABENPOST.
Schicke dem LESERABEN einfach eine Karte mit dem richtigen Lösungswort. Oder schreib eine E-Mail.
Wir verlosen jeden Monat 10 Buchpakete unter den Einsendern!

An den LESERABEN
RABENPOST
Postfach 20 07
88 190 Ravensburg
Deutschland

leserabe@ravensburger.de
Besuche mich doch mal auf meiner Webseite:
www.leserabe.de

Leserabe

1. Lesestufe für Leseanfänger ab der 1. Klasse

ISBN 3-473-36038-4

ISBN 3-473-36036-8

ISBN 3-473-36014-7

ISBN 3-473-36037-6

2. Lesestufe für Erstleser ab der 2. Klasse

ISBN 3-473-36043-0

ISBN 3-473-36041-4

ISBN 3-473-36039-2

ISBN 3-473-36021-X

3. Lesestufe für Leseprofis ab der 3. Klasse

ISBN 3-473-36054-6

ISBN 3-473-36051-1

ISBN 3-473-36024-4

ISBN 3-473-36052-X